ALL T

TODOS LOS SITIOS

PLACES WE

QUE AMAMOS

LOVE HAVE

HAN QUEDADO

BEEN LEFT

EN RUINAS

IN RUINS

Original English © Ariel Francisco, 2024

Spanish Translation © Francisco Henriquez, 2024

Cover Art © Jorge Benitez

Book Design: Ryan Rivas

Published by Burrow Press.

POD Edition

ISBN: 978-1-941681-33-6

Library of Congress Control Number: 2024935807

ALL THE PLACES
WE LOVE
HAVE BEEN LEFT
IN RUINS

Poetry by Ariel Francisco

TODOS LOS SITIOS
QUE AMAMOS
HAN QUEDADO
EN RUINAS

Translated by Francisco Henriquez

BURROW PRESS | ORLANDO, FL

For The Guys. Time isn't real. Love ya'll:

Alex &
David &
Drew &
Johan &
Jon &
Jorge &
Julian &
Lisander &
Tommy

CONTENIDO

8   BLUES DE PLANETA AZUL

10   CONSTRUYERON UN MARGARITAVILLE EN PLAYA HOLLYWOOD QUE ERA MI LUGAR FAVORITO EN EL MUNDO Y AHORA NO PUEDO VOLVER PORQUE ES IRRECONOCIBLE, ASÍ QUE SE JODA JIMMY BUFFETT

12   HASTA EL BAR CHURCHILL ESTÁ CERRANDO

16   DISOCIANDO MIENTRAS MIRO POR LA VENTANA JUSTO ANTES DE LA TORMENTA DESPUÉS HABER CONDUCIDO POR 15 HORAS A CASA

20   LÓGICA DE INUNDACIONES

22   DESPUÉS DE LEER QUE FUE ENCONTRADA UNA BOTELLA DE CERVEZA EN LA FOSA DE LAS MARIANA, PIENSO EN MF DOOM

24   INSOMNIAMI

144   DESPUÉS DE LEER QUE LOS CIENTÍFICOS QUIEREN USAR INTELIGENCIA ARTIFICIAL DESCIFRAR EL LENGUAJE DE LAS BALLENAS

146   IMAGEN PEQUEÑA DEL MUNDO

CONTENTS

BLUE PLANET BLUES — 9

THEY BUILT A MARGARITAVILLE ON HOLLYWOOD BEACH WHICH WAS ONCE MY FAVORITE PLACE IN THE WORLD AND NOW I CAN'T GO BACK BECAUSE IT'S UNRECOGNIZABLE SO FUCK JIMMY BUFFETT — 11

EVEN CHURCHILL'S IS CLOSING — 13

DISSOCIATING WHILE STARING OUT THE WINDOW JUST BEFORE A THUNDERSTORM AFTER DRIVING 15 HOURS HOME — 17

FLOOD LOGIC — 21

AFTER READING THAT A BEER BOTTLE WAS FOUND IN THE MARIANA TRENCH, I THINK OF MF DOOM — 23

INSOMNIAMI — 25

AFTER READING THAT SCIENTISTS WANT TO USE AI TO DECIPHER WHALE LANGUAGE — 145

SMALL IMAGE OF THE WORLD — 147

BLUES DE PLANETA AZUL

Una canción sombría gira
su melodía sin palabras

en la habitación vacía
de esta galaxia

Las notas azules
No encuentran un hogar

ni oído para oír
su melodía sin palabras.

BLUE PLANET BLUES

A bleak song spinning
its wordless tune

into the empty room
of this galaxy,

the blue notes
finding no home

no ear to hear
its wordless tune.

CONSTRUYERON UN MARGARITAVILLE EN PLAYA
HOLLYWOOD QUE ERA MI LUGAR FAVORITO
EN EL MUNDO Y AHORA NO PUEDO VOLVER
PORQUE ES IRRECONOCIBLE,
ASÍ QUE SE JODA JIMMY BUFFETT

Parecida a una langosta sin caparazón, eres
Florida personificada—superficial
y hueca, llena de un lento consumo
de tinieblas que todo el que tiene alma teme, tú
hortera, pedazo de mierda barato, espero que cada
cangrejo en el mundo marché a tu casa
en la oscuridad de la noche como una ola interminable
de zombis duros y furiosos y te pellizqué
a muerte. Las margaritas ni siquiera son buenas.
Estoy pendiente de ti
en los obituarios, bebiendo un ron con Coca-Cola.

THEY BUILT A MARGARITAVILLE ON HOLLYWOOD BEACH WHICH WAS ONCE MY FAVORITE PLACE IN THE WORLD AND NOW I CAN'T GO BACK BECAUSE IT'S UNRECOGNIZABLE SO FUCK JIMMY BUFFETT

for my friends and my youth

Resembling a shell-less lobster, you are
Florida personified—that is shallow
and hollow, filled by a slowly consuming
darkness that anyone with a soul fears, you
tacky, cheap piece of shit, I hope every
crab in the world marches into your home
in the dead of night like an unending wave
of hard, furious zombies and pinches you
to death. Margaritas aren't even good.
I'm keeping an eye out for you
in the obituaries, sipping a rum and coke.

HASTA EL BAR CHURCHILL ESTÁ CERRANDO

Sí, lleva el nombre de
un criminal de guerra. Sí,
su fea taza adorna
la entrada y aun así
desafiamos su cara de niño
frunciendo el ceño con nuestro baile,
nuestro sudor empañando el aire,
alguien dando vueltas y pisoteando
hasta vomitar en el baño
que parecía como si hubiera sido limpiado
tal vez cada mandato presidencial
(reelecciones no incluidas),
viendo a los Jacuzzi Boys
o Radio Boxer
o algún otro parpadeo
de luz que nos llevó
a través de otra noche más
de ron y coca cola
 y la cerveza más barata imaginable
manteniendo al resto del mundo
a raya cantando en lo alto de nuestros
jóvenes pulmones
hasta que nuestras voces nos echicen
y nuestras extremidades se tambaleen
como gelatina
mientras nos tambaleábamos hacia esa
oscuridad incoherente

EVEN CHURCHILL'S IS CLOSING

Yes, named after
a war criminal. Yes,
his ugly mug adorned
the entryway but still
we defied his baby-faced
scowl with our dancing,
our sweat misting the air,
someone circling and stomping
until they were vomiting
in the bathroom that looked
like it was cleaned maybe once
every presidential term
(re-elections not included),
watching the Jacuzzi Boys
or Radio Boxer
or some other flicker
of light that carried us
through yet another night
of rum and cokes
and the cheapest beer imaginable,
keeping the rest of the world
at bay by singing at the top of our
young lungs
until our voices ghosted us
and our limbs wobbled
like jello shots
as we staggered into that

preparándose para ser asfixiada
al amanecer, mientras salíamos tambaleándonos
como soldados heridos
brazos alrededor de los hombros
sosteniéndonos unos a otros
en la grava que pasa
por un estacionamiento donde un hombre
con chaleco luminoso
a quien le pagamos cinco dólares
para vigilar nuestro auto de posibles ladrones
incluyéndolo a él
nos saluda con una sonrisa
brillante como el amanecer.

incoherent darkness
bracing itself to be smothered
by dawn, as we staggered out
like wounded soldiers
arms around shoulders
holding each other up
in the gravel that passes
for a parking lot where the man
in his reflective vest
who we paid five dollars
to watch our car from potential thieves
including him
salutes us with a smile
bright as sunrise.

DISOCIANDO MIENTRAS MIRO POR LA VENTANA JUSTO ANTES DE LA TORMENTA DESPUÉS HABER CONDUCIDO POR 15 HORAS A CASA

Una pequeña araña ha colgadó
una hoja amarillenta y rizada en su red
como una pequeña hamaca o dios
recortando una luna creciente
en un desolado cielo de verano.
un trueno hace en cuenta regresiva
sonar algo catastrófico.
Desempaco bendito: mi mamá
ha metido otro crucifijo
en mi bolso como lo hace
cada vez que la visito
como si estuviera contrabandeando
artefactos de alguna ciudad sitiada
ya están empezando a acumularse.
El pequeño Jesúses de plástico
le doy vueltas alrededor de cada perilla de las puertas
de mi pequeño hogar,
su cabeza inexpresiva colgando
como si finalmente le estuviera golpeando
la realidad que murió por nuestros pecados,
ojos de plástico, vacíos, siguiéndome a todas partes.
Cuando no puedo dormir
me los imagino mirando al sol
flotando en los océanos del futuro

DISSOCIATING WHILE STARING OUT THE WINDOW JUST BEFORE A THUNDERSTORM AFTER DRIVING 15 HOURS HOME

A small spider has strung up
a curling yellowed leaf in its web
like a little hammock or god
clipping a crescent moon
in a desolate summer sky.
Thunder booms a countdown
to something catastrophic.
I unpack blessed: my mom
has slipped another crucifix
into my bag as she does
every time I visit
like she's smuggling crude
artifacts out of some besieged city
and they're starting to accumulate.
Little plastic Jesuses
I loop around every door knob
of my small home,
his expressionless head hanging
as though it's finally hitting him
he actually died for our sins,
blank plastic eyes following me everywhere.
When I can't sleep
I imagine them staring up at the sun
floating in the future's oceans

con el resto del mundo
el plástico
para siempre
esperando el arrebatamiento.
La araña se encoge
en lo cóncavo de la hoja, una ilusión
de protección. Yo me acurruco en mi cuaderno,
una ilusión de protección. Diminuta.

with the rest of the world's
plastic
forever
awaiting the rapture.
The spider curls
into the leaf's concave, an illusion
of protection. I curl into my notebook,
an illusion of protection. Tiny.

LÓGICA DE INUNDACIONES

Nubes de colores concretos oscurecen el cielo.
No tiene sentido mirar hacia otro lado:
Después de todo, la lluvia nunca olvida cómo caer.

FLOOD LOGIC

Concrete colored clouds cloud the sky.
There's no sense in looking away:
the rain never forgets how to fall after all.

DESPUÉS DE LEER QUE FUE ENCONTRADA UNA BOTELLA DE CERVEZA EN LA FOSA DE LAS MARIANAS, PIENSO EN MF DOOM

Solo queda una cerveza
y está en el fondo del mundo.
Cuando todos nos hayamos ido,
cuando el pulpo evolucione
para reemplazarnos o
los extraterrestres se aventuren a bajar
por fin a investigar
nuestros restos
encontrarán
que solo queda una cerveza
y es para ti.
La derramaríamos por ti.
Derramaríamos el mundo por ti.

AFTER READING THAT A BEER BOTTLE WAS FOUND IN THE MARIANA TRENCH, I THINK OF MF DOOM

There's only one beer left
and it's at the bottom of the world.
When we're all gone,
when the octopus evolves
to replace us or
the aliens venture down
at last to research
our remains,
they'll find
there's only one beer left
and it's for you.
We'd pour it out for you.
We'd pour the world out for you.

INSOMNIAMI

La luz de neón abre un hoyo en la noche
y el Freon abre un hueco en el cielo
      —Dessa

el mar esta furioso
y la tierra descansa
en el vacío
      —Etel Adnan

La oscuridad de toda la noche
construye su incuestionable
ciudadela
de intrusos pensamientos

INSOMNIAMI

*The neon burns a hole in the night
and the Freon burns a hole in the sky*
      —Dessa

*the sea is raging
and the earth rests on nothing*
      —Etel Adnan

All night darkness
constructs its unquestioning citadel
of intrusive thoughts

*

y si escuchas con cuidado
puedes oír
el murmullo de las aguas

*

if you listen closely
you can hear
the rising waters' whispers

*

y si te tapas los oídos
también lo escucharas

*

if you cover your ears
you'll hear it too

*

atrapado en la concha
de la noche

*

trapped in the seashell of night

*

noche de obsidiana
de frágiles concavidades
y desgarradas tinieblas

*

obsidian night
brittle concave fractures
of darkness

*

tensas oscuridades
que pueden exprimir estrellas
a puñados de polvo

*

darkness so tight
it can squeeze stars
down to fistfuls
of dust

*

persiguiendo el eco
hasta su origen

*

chase the echo
to its origin

*

una innecesaria canción de cuna
ritmo que reemplaza
el silencio de tictac
de los relojes digitales
marcando mi insomnio en silencio

*

a useless lullaby
a rhythm replacing
the unticking
digital clocks
counting my sleeplessness
in silence

*

la forma ausente de las olas
hecha parálisis acuosa del sueño
se apodera de la ciudad

*

the shapelessness of waves
 a watery sleep paralysis
gripping the city

*

el nivel del agua
está alcanzando al cielo
y llegando

*

the high water mark
is reaching for the sky
and getting there

*

nuevos rascacielos suben
cada día
como dientes de tiburón

una venta de fuego

*

new high rises rise
every day like shark teeth

a fire sale

*

consíguelo mientras esté caliente
toma esa tierra
mientras sea tierra

*

get it while it's hot
get that land
while it's still land

*

toma lo que puedas
y quema el resto

*

take what you can
and set the rest ablaze

*

el mundo se está quemando
tú lo sabes

*

the world is burning you know

*

realidad febril
de los sueños

*

a fever dream reality

*

toda la noche
los puedes escuchar
construyendo
otro maldito estadio
mientras derrumban
la casa de al lado
mientras duermes

*

all night you can hear them
building another goddamn stadium
while tearing down the house
around you as you sleep

*

suficientes asientos vacíos
para los desplazados

*

enough empty seats
for the displaced

*

una multitud que anhela
su hogar

*

an uncheering home crowd
longing for home

*

suficientes condominios
huecos para todos
pero es importante
que permanezcan vacios
y no diran por que

*

enough hollow condos
for everyone
but it's important
that they stay empty
they won't say why

*

los huracanes llegan como turistas
y de repente
hay menos desamparados
nombres perdidos
por el más grande
bautizo del caos

*

hurricanes come through
like tourists
and suddenly
there are less homeless people

their names lost
to the larger one
of christened chaos

*

dios es un estafador
pero lo amamos
de todos modos

*

god is a grifter
but we love him
anyway

*

la noche es un rosario
de horas sin respuesta

*

night is a rosary of unanswered hours

*

cuéntalas
cuéntalas
cuéntalas

*

count them
count them
count them

*

el océano está en llamas
una vorágine en llamas
en el Golfo de México
ojo de la tierra
petróleo negro derramado
la pupila mirándonos
una acusación ardiente

*

the ocean is on fire
a flaming maelstrom
in the Gulf of Mexico
eye of the Earth
black oil spilled pupil
glaring at us
a burning accusation

*

el senador invertebrado dice
que tenemos que adaptarnos
pero no da sugerencias

*

the spineless senator says
we need to adapt
but gives no suggestions

*

será que deberíamos cultivar branquias
para morir capturados por accidente
¿en la red de un pesquero?

*

should we grow gills
to die as bycatch
in some trawler's net?

*

será que deberíamos cultivar dos corazones mas
como el tríptico de bombeo
que el pulpo lleva dentro
¿para soportar mejor esta destrucción?

*

should we grow two more hearts
like the pumping triptych
the octopus carries inside
the better to bear this destruction?

*

o seguir su ejemplo
disolviéndonos la columna vertebral
y convirtiéndonos en un invertebrado
como la medusa o la esponja
tonta y hacia abajo
encogiéndonos el cerebro a nada
adaptándonos a través de la ignorancia
volviéndonos demasiado estúpido
para pensar en el futuro

*

or follow his lead
dissolve the spine
become an invertebrate
like the jellyfish
or sponge
dumb it down
shrink the brain
to nothing
adapt through ignorance
become too stupid
to think about the future?

*

demasiado estúpido para pensar
en absoluto

*

too stupid to think at all

*

tus contaminadores favoritos
sugieren que cambiemos a pajillas de papel
como si así hubiera alguna diferencia
ni siquiera puedes usarlos
para hacer una balsa
cuando llegan las aguas
y las tortugas marinas
ni siquiera dicen gracias

*

your favorite polluters
suggest we switch to paper straws
like that will make a difference

you can't even use them
to make a raft when the waters come

and the sea turtles
don't even say
thank you

*

computadoras portátiles desechadas
vagando por los mares como almejas muertas
bocas aturdidas y abiertas
en oraciones no escuchadas

*

discarded laptops roaming
the oceans like dead clams
stunned mouths hinged open
in unheard prayers

*

el multimillonario idiota
que quiere colonizar a Marte
sugiere construir túneles
bajo esta ciudad hundiente
para aliviar el trafico

acelerar el naufragio

*

the idiot billionaire
who wants to colonize mars
suggests building tunnels
under this sinking city
to alleviate traffic

expedite the shipwreck

*

a veces estoy agradecido
por la contaminación lumínica
las estrellas engreídas
creen que lo saben todo
pero su lento conocimiento
siempre llega tarde con su luz

*

sometimes I'm grateful
for the light pollution

the smug stars
think they know everything

but their slow knowledge
is always late with its light

*

asombrado de como
se equilibran en la indiferencia
sin preocupación
en el cielo negro de la ciudad
que no ofrece ningún brillo
ni siquiera un titileo

*

awed at how they
balance themselves in indifference
unconcerned
in the black city sky
offering no twinkle
not even a small shimmer

*

aún así

consulto el estúpido horóscopo
para ver lo que promete prometer

*

still

I consult the disdainful
horoscope to see what
they promise to promise

*

Miami obvio es un Leo

búscalo

*

Miami is obviously
a Leo

look it up

*

orgulloso signo de fuego
que se ahoga
fingiendo que
todo está bien

*

a drowning fire sign

pride pretending everything
is fine

*

no jodas

*

I mean come on

*

los políticos son solo poetas
culpando de todo a la luna

*

politicians are just poets
blaming everything
on the moon

*

un lugar retrógrado
no puedes culpar
de todo
al triangulo de las bermudas
pero puedes intentarlo

*

a backwards place

you can't blame everything
on the Bermuda Triangle
but you can try

*

pájaros anfibios
peces voladores
búhos de madriguera
cielo nocturno
reflejado en el agua
confundiéndose en un caldo
de nubes y corales

*

swimming birds
flying fish
burrowing owls

night sky
reflected in the water

becoming confused

a broth of clouds and corals

*

los pulpos conspiran contra nosotros
cerebros con extremidades
aprendiendo de nuestros errores
nuestros herederos han llegado muy temprano

*

octopuses conspire against us
limbed-brains learning
from our mistakes

our heirs
come too soon

*

ciertamente harán mejor con esta ciudad
que nosotros

*

certainly
they'll do better
with this city
than we did

*

he leído que el pulpo
puede haber venido
del espacio exterior

*

I've read that octopuses
may have come from
outer space

*

revisa los cielos en busca de respuestas
envidia a los abducidos alienigenas
al menos saben que otros mundos
son posibles, incluso si no les creemos

*

scan the skies for answers

envy alien abductees

at least they know
other worlds are possible
even if we don't believe them

*

todo es tan serio

*

it's all so serious

*

aquí, una broma

quien está en primero,
que está en segundo
y el inminente colapso ecológico
irreversible de nuestro planeta
esta en tercero

*

here's a joke

who's on first
what's on second
and the irreversible impending ecological
collapse of our planet is on third

*

¿lo entendiste?

*

do you get it?

*

David Attenborough
podría vivir lo suficiente
para narrar el documental
sobre como
dejamos que esto sucediera

*

David Attenborough
could live long enough
to narrate the documentary
on how we let this happen

*

el chiste es que David Attenborough
tiene noventaicinco años mientras escribo

*

the joke is
David Attenborough
is ninety-five years old
as I write this

*

el chiste es que, no es una broma

*

the joke is
it's not a joke

*

este es un mensaje en una botella
sin orilla para alcanzar

*

this is a message
in a bottle
with no shore to reach for

*

esta ciudad con su historia
de huracanes y fraudes

*

this city
with its history of hurricanes
and fraud

*

algún día el neón
se quemará para siempre... y luego que

*

one day
the neon
will burn out
for good

and then what?

*

puedo ver los márgenes de la mañana
escarbados por la luz de la luna
a través de mi mojada ventana
joya divisoria que no puedo cruzar

*

I can see
the margins of morning
dredged up by moonlight
through my dewed window
a jeweled divide
I cannot cross

*

me aferro a la noche
como un crustáceo marino

*

I cling to the night
like a barnacle

*

el sol sube como el alquiler

*

sun rises
like rent

*

el sol sube como una bandera

*

sun rises
like a flag

*

el sol se levanta como el océano

*

sun rises
like the ocean

*

no puedo dormir
y la ciudad que amo
no puede despertar

*

I can't sleep

but the city I love
can't wake up

DESPUÉS DE LEER QUE LOS CIENTÍFICOS QUIEREN USAR INTELIGENCIA ARTIFICIAL DESCIFRAR EL LENGUAJE DE LAS BALLENAS

Qué bien hará
transcribir la letra
de su música,
¿Sus lúgubres elegías terrestres?
Súbelo a Spotify
y entregarles sus
residuos de fracciones de centavo.
Todo se puede monetizar,
incluso los gemidos de las ballenas.
Tantas voces humanas
pasan desapercibidas, silenciado,
enterradas entre escombros,
ahogadas y ahogándose.
Inteligencia artificial
empatía artificial.
Cuando las ballenas empiezen
un podcast sobre el cambio climático
la ciencia lo desconectará.

AFTER READING THAT SCIENTISTS WANT TO USE AI TO DECIPHER WHALE LANGUAGE

What good will it do
to transcribe the lyrics
of their music,
their mournful Earth elegies?
Upload it to Spotify
and deliver them their
residuals of penny fractions.
Anything can be monetized,
even the wails of whales.
So many human voices
go unheard, muted,
buried in rubble,
drowned and drowning.
Artificial intelligence
artificial empathy.
When the whales start
a climate change podcast
science will pull the plug.

IMAGEN PEQUEÑA DEL MUNDO

Un par de tortugas tomando el sol
en un neumático medio sumergido
en un arroyo que es más lodo que agua.
Ellos todavía creen en el sol.
Y miran el corazón brillante en el cielo que aún late.

SMALL IMAGE OF THE WORLD

A pair of turtles
basking on a tossed out tire
half submerged in a creek
that's more sludge than water.
They still believe in the sun.
They look to the shining
heart in the sky still beating.

ABOUT THE AUTHOR / SOBRE EL AUTOR

Ariel Francisco is the author of *All the Places We Love Have Been Left in Ruins* (Burrow Press, 2024), *Under Capitalism If Your Head Aches They Just Yank Off Your Head* (Flowersong Press, 2022), and *A Sinking Ship is Still a Ship* (Burrow Press, 2020), and the translator of Haitian-Dominican poet Jacques Viau Renaud's *Poet of One Island* (Get Fresh Books, 2024) and Guatemalan poet Hael Lopez's *Routines/Goodbyes* (Spuyten Duyvil, 2022). A poet and translator born in the Bronx to Dominican and Guatemalan parents and raised in Miami, his work has been published in *The New Yorker, American Poetry Review, Academy of American Poets, POETRY Magazine, The New York City Ballet, Latino Book Review*, and elsewhere. He is Assistant Professor of Poetry and Hispanic Studies at Louisiana State University.

Ariel Francisco es el autor de los libros *All the Places We Love Have Been Left in Ruins* (Burrow Press, 2024), *Under Capitalism If Your Head Aches They Just Yank Off Your Head* (Flowersong Press, 2022), and *A Sinking Ship is Still a Ship* (Burrow Press, 2020), y traductor de *Poet of One Island* (Get Fresh Books, 2024) del poeta haitiano-dominicano Jacques Viau Renaud y *Routines/Goodbyes* del poeta guatemalteco Hael Lopez (Spuyten Duyvil, 2022). Poeta y traductor nacido en el Bronx de padres dominicanos y guatemaltecos y criado en Miami, sus poemas ha sido publicado en *The New Yorker, American Poetry Review, Academy of American Poets, POETRY Magazine, The New York City Ballet, Latino Book Review*, y en otros lugares. Es Profesor de Poesía y Estudios Hispánicos en Louisiana State University.

ABOUT THE TRANSLATOR / SOBRE EL TRADUCTOR

Francisco Henriquez Rosa was born in Santiago, Dominican Republic, in 1957. He graduated from the Dominican Institute of Journalism in 1979, Hostos Community College in 1984, and City College CUNY in 1993. He has collaborated with WCR radio at City College and his poems have appeared in literary magazines throughout the Dominican Republic, Argentina, New York, and Florida. He won 4th place in the Argentinian Prize for International Poetry. He published a collection of Dominican aphorisms in 2004 and is the founder and director of the Orlando Tertulia.

Francisco Henriquez Rosa, Santiago, República Dominicana 1957. Graduado en 1979 en el Instituto Dominicano de Periodismo I.D.P. Hostos Community College 1984, City College 1993. Colaboró en la Radio cultural WCR de City College. Ha publicado sus poemas en diarios de República Dominicana, Argentina, Nueva York y La Florida. Fue galardonado en Argentina con el 4 lugar en el Premio Internacional de poesía . Publicó un libro de aforismos en 2004 en Santo Domingo. Actualmente es fundador y director del Grupo cultural Tertulia de Orlando de la ciudad de Orlando donde reside.

ACKNOWLEDGMENTS

Grateful acknowledgment is made to the following spaces for first publishing these poems, sometimes in earlier versions:

"Insomniami" was the winner of the 2021 Academy of American Poets Treehouse Climate Action Prize and was also included in their anthology *100 Poems that Matter*; "They Built a Margaritaville…" was first published in *Home in Florida: Latinx Writers and the Literature of Uprootedness*; "Blue Planet Blues" was first published in *Odd Poems 2021*; "Even Churchills is Closing" and "Small Image of the World" were first published in *Islandia*; "Dissociating While Staring Out the Window…" was first published in *Sho Poetry Journal*; "After Reading that Scientist Want to Use AI to Decipher Whale Language" was first published in the *Queens Review*.

Thank you to my dad, Francisco Henriquez, for translating my poems into his mother tongue and for this inheritance of poetry. Thank you to Jorge Benitez for conjuring exactly what I see in my head into a book cover. Thank you to Carlie Hoffman, I don't know where my poems would be without you and I don't care to find out. Thank you to Alex Gurtis and Andrea Penuela for your feedback and edits. Thank you to Ryan Rivas for believing in the work.